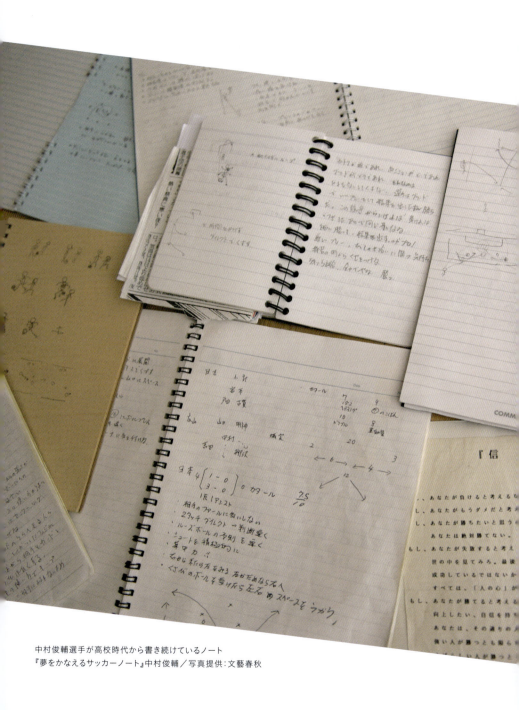

中村俊輔選手が高校時代から書き続けているノート
『夢をかなえるサッカーノート』中村俊輔／写真提供：文藝春秋

こころを強くする「夢ノート」

トップアスリートが実践するルーティンワーク

早稲田大学スポーツ科学
学術院教授　堀野博幸

ブックマン社

はじめに

「夢は逃げない、逃げるのはいつも自分！」

　この言葉は、ある高校の寮に書かれているものです。とても素敵な言葉ですね。同じ言葉は「自由人」として有名な高橋歩さんの著書でも紹介されています。

　夢は、自分から遠く離れた存在で、ただ追いかけるだけのものではありません。あなたの夢が、いつも自分のそばにあって、一緒に歩んでいく身近な存在であることを、この言葉は思い出させてくれます。

　本書を手にとってくださりありがとうございます。

　夢の実現に努力し続けているあなた、夢の途中で少し休憩中のあなた。夢はあるけれど大きすぎるんじゃないかと悩んでいるあなた、あるいは今は夢が持てずどことなく不安なあなた。そんな自分の「夢」に関心を持たれている方々のお役に立てないものか、夢の実現に対して、スポーツ心理学・コーチング科学の理論と研究成果が活かせないかと考え、この本を書きました。

　この本は、みなさんの夢がただの夢物語で終わらずに、「夢実現物語」となるようサポートしていきます。世界で活躍するトップアスリートたちの夢実現物語を理論的に分析し、夢ノートを活かした夢実現の方法を紹介しています。読むだけでも頭の中が整理され、少しでも夢の道筋が見えてくると思います。

　また、今は夢が持てていないあなたも、慌てる必要はありません。この本にある夢ノートを書き始めてください。あなたは自分のこころに隠れていた「あなただけの夢」の存在に気づくことでしょう。

「叶（かな）わないから夢なんだ」

　そんなふうに考えている方もおられるかもしれません。本当にそうなのでしょうか？　ひとの夢は十人十色、多種多様です。大きな夢から小さな夢、自分だけの夢から家族や仲間と共

有している夢まで。「追いかける大きな夢」もあれば、「一緒に歩みながら育てる夢」もあります。すべてが、私たちにとって、とても大切な夢であることに違いありません。

　自分の夢に向かって日々努力されている方、もっと効率的な夢実現の方法を探している方。ひょっとしたら、夢実現の途中でこの先どう進んだらよいのかわからなくなっていたり、あるいは夢が叶いそうもなく半ば諦めかけていたり。そんなふうに、夢の実現に悩んでいる方々も多いかもしれません。

　夢の実現には、粘り強く努力し続ける「こころの力」「夢体力」が必要になります。この夢体力を高めるためには、複雑で難解な理論を実践する必要はありません。

　実は気づいていないだけで、あなたのこころの中には大きな潜在能力、すなわち夢体力の源泉が眠っています。この本では、簡単なことからノートにポジティブなことを書き続けることで、脳細胞を活性化し、こころの潜在能力を呼び起こします。**気がついたら、夢体力がぐんぐん高まり、あなたのこころと身体は「夢実現体質」へと変貌しています。**そして、あなたは夢への道しるべに沿って歩み始めていることでしょう。

「Dreams come true：夢は見るものでなく、叶えるもの」

　引退した女子サッカーの澤穂希(ほまれ)選手は、この想いをこころに持ち続け、さまざまな困難を乗り越えました。そして、誰もが不可能と思っていたワールドカップ優勝という偉業を見事成し遂げました。

　多くの皆さんが、この「夢ノート」を通じて、素晴らしい夢の実現を経験されることをこころより願っています。

　さあ、「夢ノート」と一緒に夢に向かって歩み始めましょう。

堀野博幸

目次

第1章 「夢ノート」で夢に向かって歩き出そう　5

1. 夢ノートは進むべき道筋を示す「道しるべ」
2. 夢実現のカギ→「夢体力」
3. 頭の中を「ビジュアル化」して問題解決
4. 「夢ノート」目標設定のポイント
5. 自分に挑戦し続ける「夢実現への航海」

第2章 「夢ノート」には心理学的効果が詰まっている　15

1. 「書き出す」となぜいいのか?
2. 「発想する」ことで脳が活性化する
3. 「できる気がする」が大きな一歩
4. ポジティブ思考で毎日が楽しくなる
5. 外側から「自分を観る」

第3章 「夢ノート」でライフスキルを身につける　27

1. JFAアカデミーとライフスキル
2. 社会人としても役に立つこころの力

第4章 人は「夢ノート」で成長する　33

1. 挑戦し続けるアスリートへ
2. 目標達成を目指す社会人や受験生へ

第5章 「夢ノート」の書き方・使い方　39

1ヵ月目 「ポジティブ思考」のマスター　40
- 第1週 「ポジティブ思考でこころを刺激!」
- 第2週 「あなたは身近な人をHappyにしている存在」
- 第3週 「ポジティブな観察眼」を身につけよう
- 第4週 「がんばりたいこと」に挑戦

2ヵ月目 「イメージ力のアップ」　45
- 第5週 「イメージで膨らむポジティブハート」
- 第6週 「Happyイメージで仲間もあなたも元気に」
- 第7週 「挑戦へのロードマップ作り」
- 第8週 「夢マップ」作りの準備

3ヵ月目 「夢マップ」完成へ!　50
- 第9週 「今月の夢マップ」を磨こう
- 第10週 「自分史」で20年後の夢マップを
- 第11週 「夢達成のイメージでワクワクを増やす」
- 第12週 「自分だけの夢マップ完成!」

「夢ノート」を書こう!　55

第1章

「夢ノート」で夢に向かって歩き出そう

1 夢ノートは進むべき道筋を示す「道しるべ」

トップアスリートたちのノート

「ぼくは大人になったら、世界一のサッカー選手になりたいと言うより、なる。世界一になるには、世界一練習しないとダメだ。だから、今、ぼくはガンバッている」

これはサッカーの本田圭佑選手が小学校6年生のときに卒業文集で書いた「将来の夢」の一部です。ヨーロッパのセリエAに入って背番号10をつけることや、年俸、ワールドカップでの活躍のことなど、こと細かに書かれています。野球のイチロー選手も小学校の卒業文集に「ぼくの夢は一流のプロ野球選手になることです」と書き、練習の大切さやドラフトのことから契約金まで、きわめて具体的に書き記しています。

書かれていたことの多くを彼らが実現しているのは、みなさんもよくご存知でしょう。つまり彼らは、小さいころに書いた「夢実現のためのロードマップ」（計画書）に基づき、夢をひとつずつ実現してきているのです。

夢ノートとは？

また、フィギュアスケートの羽生結弦選手や体操の内村航平選手など、多くのトップアスリートが、いわゆる「練習日誌」（振り返りノート）をつけています。羽生選手は、彼自身が「発明ノート」と呼んでいる練習日誌に、気になったことや思いついたことを書いています。スピード、タイミング、感覚など、自分が試してみて良かったことと悪かったこと、疑問点などを殴り書きしているそうです。夜、布団に入ってイメージトレーニングをしている最中にアイデアがひらめき、ガバッと起き上がって走り書きしてバタンと寝ることもあるそうです。

また、サッカーの長友佑都選手は、インテルに入ったとき、日本でのようなプレーができなくなり、苦しみました。それが

こころの問題であることに気づき、「心のノート」をつけ、メンタルトレーニングに取り組んだことで乗り越えたそうです。

ビジネスの世界でも同様に、日々の仕事で気がついたアイデアや問題点など書き出している人もたくさんいます。

人生や将来の夢をノートに書き出してみること——実は「夢ノート」を書くことが、夢実現の大きな力となることは心理学の研究からもわかっています。アスリートだけでなく、受験生や一般の社会人の方々にもとても有効な方法です。

もちろん、夢ノートはただ書けばいいというわけではありません。効果的な書き方があります。その書き方を解説し、実際に書いて実践してもらうのがこの本です。「やってみたいこと」や「なりたい自分」、そして**「将来の夢」と「夢に向かう方法」をイメージしながら、頭の中にあるものをノートに書き出すことは、頭の中を整理し、脳の働きを活性化してくれます。**

また、漠然と考えていることをノートに書き出すことで、中長期的な目標設定にもつながります。私たちは毎日たくさんの出来事で忙殺され、右往左往しがちですが、夢ノートは、「道しるべ」として進むべき道筋を示し続けてくれるのです。

潜在能力を刺激する「夢ノート」

「夢ノート」を書くことで脳細胞が刺激され、隠れていた潜在能力を引き出します。人間の脳細胞は、千数百億個以上あるといわれ、動作や思考、感覚や感情の種類により、それぞれ活動する部分が異なります。つまり、日常生活のある場面では、脳の一部分はバリバリ活動していますが、残りの多くの部分は休んでいることが多いのです。しかし、適切なトレーニングによって、同時に活動する脳細胞の数を増やすことができます。

夢ノートは、これら活動せずに休んでいる脳細胞を刺激し、活性化させることを目的にしています。**この本では、脳を活性化し、潜在能力を最大化する方法を紹介します。**夢を叶えるための「ロードマップ」（計画書）、すなわち『夢マップ』を作成できるようになること、そして夢を実現するために必要な「こころの力」を高めることを目的としています。

> **アスリートの名言**
> 大切なのは才能を呼びさますこと。僕自身、自分の中にまだまだ凄い才能が眠っていると信じている。
> （長友佑都）

2 夢実現のカギ→「夢体力」

スポーツ心理学に裏付けられた「夢ノート」

　夢の実現には、夢に向かう「元気なこころ」がとても大切です。また、目標をひとつずつ達成していく「こころのスタミナ」（持久力）、壁を乗り越えるための「こころの筋力」も欠かすことができません。つまり「こころの体力＝夢体力」が、夢実現のカギになるのです。

　「練習日誌」のように、「夢ノート」に毎日、ポジティブな出来事を少しずつ書き続けていくことで、まず、頭の中にあることを楽しく意識できるようになります。

　次の段階では、目標設定の方法を学びながら、ノートを読み直し振り返ることで、日々の目標にどのように取り組んだかを検証できます。そして、その振り返りをもとに目標を再設定していきます。

　55ページからの「夢ノート」は、心理学的な裏付けに基づいて構成され、元気なこころの生み出し方、ポジティブ思考の作り方、実力発揮の方法なども身につくようになっています。

　ちょっと学問的な言い方をすると、「ポジティブ思考・目標設定・ストレス対処」の能力開発といったことになります。

　この夢ノートを書き終えるころには、「夢体力」とともにたくましい「こころの力」が、自然に備わっていることでしょう。

夢ノートの効果

- 「緊張であがってしまい、うまくできなかった」
- 「カーッとなって友人とけんかして、悩んでいる」
- 「仲間たちのやる気がなくて困っている」
- 「いろいろとうまくいかず、仕事を辞めたい」

　誰もが一度はこんな思いをしたことがあると思います。こんなとき、みなさんの頭の中はどうなっていましたか？

さまざまな思いが浮かび、頭の中を駆け巡っていたのではないでしょうか？　何をどう考えてよいかわからなくなったり、もう考えることすらできなくなったりしませんでしたか？

　こんなとき、混乱した頭の中を整理し、困った状況からあなたを抜け出させてくれるのが「夢ノート」なのです。このノートは、書き続けていくうちに、困った状況を解決し、楽しい時間に変えていく方法が身につくように構成されています。

　初めはとても簡単なことから始めます。簡単なことを少しずつ積み重ねていくうちに、複雑な頭の中をすっきり整理できるようになっていきます。

　「夢ノート」を書くことがルーティンワークになってしまえば、普段から頭がスッキリし、こころが穏やかでいられます。

> **アスリートの名言**
>
> たとえ海外の選手が凄い演技をしても、心が揺れることはほとんどない。それよりもまず自分がバッチリやること。だから自分が向き合っている一番の敵は、自分自身なのかもしれない。
>
> （白井健三）

夢ノートの進め方

　この本では、以下の3つのステージであなたの夢体力を高めていきます。それぞれのステージを1ヵ月間と想定しているので、3ヵ月で夢を叶える力がぐんと増すのです。

第1ステージ（1ヵ月目）
書き出すことで意識化・振り返ることで客観化する

　頭の中にある事柄を書き出すことで、「消えゆく記憶を呼び覚まし、ポジティブな記憶の定着」を目指します。さらに、それを振り返ることで、自分を客観視できるようになります。

第2ステージ（2ヵ月目）
イメージすることで具体化する

　いろいろな視点から考える習慣を身につけ、「ポジティブな思考変換」を目指します。論理的な思考だけでなく、イメージを膨らませることで右脳を刺激し、潜在能力を引き出します。

第3ステージ（3ヵ月目）
ビジュアル化することで夢に近づく

　言葉だけでなく絵も使い始めると、左脳的な「論理」と右脳的な「創造」の思考変換がスムーズになります。それを定着させ「夢実現への具体的目標と行動の達成」を目指します。

頭の中を「ビジュアル化」して問題解決

頭の中がパニック状態だとどうなるか

　みなさんの頭の中には、何百、何千、人によっては何万という大小の事柄が記憶されています。新しいことは記憶の入り口をさまよい、昔のことは記憶の奥にしまわれていきます（短期記憶→長期記憶）。

　印象に残らなかったことは記憶の入り口で消えてしまい、印象深い出来事や楽しかったことは、スムーズに記憶の奥にしまい込まれていくものです。

　一方、心配ごとや悩みごと、腹の立ったことなどネガティブな感情を伴うものは、記憶の奥にしまい込まれることを拒み、記憶の入り口でバタバタと大騒ぎを起こします。この大騒ぎをそのまま放っておくと、いつまでもそのことが頭から離れず、気に病むことにつながってしまうのです。

頭の中の「ビジュアル化」とは？

　夢ノートでは、頭（記憶）の入り口にあるものを、頭から取り出して整理することから始めます。

　まず、「頭の中にある事柄」を「人」にたとえてみましょう。そして、あなたがどう関わるのかを考えてみるのです。大切な人なのに、そのまま記憶の奥底に消えて、やがてその存在に気づかなくなってしまう人たちがいます。まず最初に、この人たちに、一度ノートという舞台に登場して、スポットライトを浴びてもらいましょう。つまり記憶の「書き出し」（再生）です。

　なかには、バタバタと頭の中で大騒ぎやけんかをしている人たちもいるかもしれません。彼らに冷静になってもらえるよう、あなた自身が対話してみます。冷静になってもらえたら、次は仲良く整列してもらえるように、彼らに促します。これが記憶の「整理」です。

そして最後に、整列してもらった人たちを笑顔で見送りながら、舞台袖から記憶の奥に進んで行ってもらいましょう。こうして記憶の「定着」となるわけです。

思い切って「既読スルー」

　ときには対話がうまくいかなくて、おとなしく静まってもらうまでに長い時間を要することもあるかもしれません。そんな場合は、ムリして鎮めなくてもいいのです。彼らには、頭の中ではなく、ノートの舞台で騒ぎたいだけ騒いでもらい、そのまま放っておきましょう。

　LINEでも、友人たちの口論に参加せず、しばらく放っておくと、知らない間に仲直りしていることもあるのではないでしょうか。時間が問題を解決してくれることもあります。

　この本では、ノートに書き出してしばらく放っておくことを、LINEになぞらえて**「ポジティブな既読スルー」**と呼ぶことにします。

　しばらくの間、こころは多少ざわつくかもしれません。しかし、**夢ノートで「ポジティブな既読スルー」の習慣を身につければ、心配事や悩みごとから頭の中を解放し、明日に向かって平静で元気な状況に戻していけるのです。**頭の中でうじうじと考え続けてしまいそうなことをノートに取り出すと、執着やこころが囚われた状態から自分自身を客観視でき、さらには解放できるので、こころが元気になります。

> **アスリートの名言**
> 自分の弱さは気持ちの部分。乗っている時、調子がいい時は何もしなくても調子がいい。弱っている時に、いかに自分に打ち勝つ心を持っているかが重要。
> （萩野公介）

4 「夢ノート」目標設定のポイント

5つのポイント

「夢ノート」の大きな目的のひとつは、夢の実現に向けた目標設定の方法を身につけることです。「いきなり『夢』とか『目標設定』と言われても……」と戸惑う人もいるでしょう。

この本は、「こんな風になったらいいな、あんなこともしてみたい」という感覚で、簡単な内容から少しずつ書いていくうちに、ポイントを押さえられるように工夫してあります。

「夢ノート」に目標を書き出すときのポイント

① 難しいけれど、挑戦すれば実現可能な目標を書く
② 大きな夢から逆算して一歩ずつ進める
③ 何を、いつまでにやるか具体的に書く
④ 前回の成功と失敗を振り返り活用
⑤ 他人に惑わされず、自分自身で考え抜く

> あなた自身に合った適切な目標を設定できれば、夢の実現に向かって、自然に歩き始めることができます

目標設定すると、こんな効果が!

適切な目標設定はポジティブなこころの状態を作り出すことが、心理学の研究から、わかっています。上記の5つのポイントを参考に、自分にあった目標設定ができれば、

・やる気が高まる
・取り組むべき注意の方向が定まり、集中力が高まる
・普段から自分の感情をコントロールできるようになる
・粘り強く、努力し続けることが可能になる

つまり「夢体力」がついていくのです。さらに、書き出した事柄をノート上で眺めて全体を俯瞰し、問題点や成否の理由を客観的に分析することで、新たな目標設定も可能になります。

> まずは書き始めること、そして続けること。ポジティブな第一歩を踏み出しましょう!

自分に挑戦し続ける「夢実現への航海」

「太平洋横断に挑戦するヨットの船長」だったら…

　少し硬い話が続いたので、夢の実現を、船の航海にたとえて考えてみましょう。
　あなたが、映画に出てくるような、1万キロに迫る「太平洋横断にひとりで挑戦するヨットの船長」になることを想像してみてください。

　大海原に漕ぎ出す前に、まずあなたは何をしますか？
「食料や水の準備、海図や無線の準備……」どれももちろんとても大切ですね。
　しかしその前に、大切なことを忘れていませんか？
　まずあなたは、太平洋を横断して「どの国のどの港を目指す」のか、目的地を明確にしなければなりません（＝長期目標の明確化）。
　目的地が決まれば次に、航海は何日間の予定か、どの航路を進むのか、「いつ」「どのポイント」を通過し、「どの港」に寄港して物資を補給するのかを計画することが必要となります（＝中期・短期目標と目標達成の具体的計画作り）。
　この航海計画ができて、目標とするポイントや港をひとつずつ経由していけば、目的地にたどり着けます。

　計画段階では、悪天候や海流の激しい海域など、想定しうる危険な状況に対応する準備を整えることも大切になります（＝障害発生時の解決方法）。
　こうした準備を整えることで初めて、最初に挙げた「食料や水など航海に必要な物資の量や種類」が具体的に決められます。そうやって出港したなら、不測の事態に戸惑うことなく、航海に集中できるでしょう。

航海中に「夢体力」の真価が問われる

　いざ航海が始まると、突然の嵐で船に不具合が出るかもしれません。あるいは無風の日々が続いて、まったく先に進めなくなることもあるでしょう。当初の計画通りにいかない不測の事態がたくさん起こるはずです。

　そんなとき、あなたはどんな気持ちになるでしょう？

　さまざまな困難に直面し、「こんなはずじゃなかった……。もう航海はやめて、家に戻りたい」などと思っても、広い太平洋では、すぐには誰も助けに来てくれません。

　気を取り直して、航海計画を修正し、新しい計画のもと目的地を目指すことになります（＝振り返りと目標の再設定）。ときには、無線で必要な情報を収集する必要も出てくるでしょう。しかし、いろいろな人からアドバイスやサポートを受けられたとしても、集めた情報から解決方法を考え、最後に決断できるのは、あなた自身だけなのです。

　つまり、苦しい航海を続け目的地にたどり着くためには、自分自身で考え抜き、自ら設定した目標と、目的地にたどり着きたい（夢を実現したい）という強いモチベーションが何よりも重要になるのです。

> **アスリートの名言**
> なんで他人が俺の進む道を決めんねん。自分の道は、自分が決める。
> （本田圭佑）

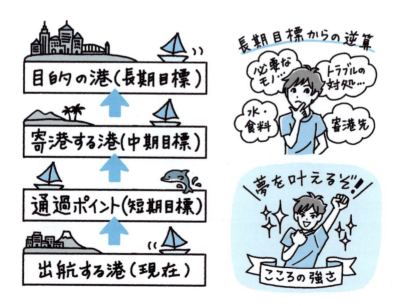

第2章

「夢ノート」には心理学的効果が詰まっている

「書き出す」と なぜいいのか？

　第1章で、この夢ノートが「心理学的な裏付けに基づいて構成されている」と述べました。この章では、その心理学的効果について、少しだけ詳しく説明していきます。

　書く意味や目的がはっきりすると、より適確に夢ノートを活用できますが、難しければ、さっそくP55からの夢ノートを書き始めていただいてもかまいません。書いているうちに、「どんな効果があるんだろう？」「こころにどう働きかけるのだろう？」などと興味が湧いてきたら読み直してみてください。

「セルフモニタリング」の5つの効果

　頭の中に詰め込まれた事柄を取り出してノートに書き出し、1日を振り返るプロセスは「セルフモニタリング」とも呼ばれ、次のような心理学的な効果があります。

① スポットライトを当てる（意識化）

　そのままでは忘れ去られてしまう出来事にスポットライトを当て、記憶にとどめることができます。

② もの忘れを防止する（忘却防止）

　大切な事柄については記憶を定着させ、時間とともに忘れてしまうことを防いでくれます。

③ 頭の中をリフレッシュする

　頭の中に記憶できる容量には限界があります。気になることを頭の中からノートに取り出し、頭をリセットすることで、次のことをしっかり考え、新たに記憶できる余裕が生まれます。

④ 悩みから解放する

　頭の中を支配する悩みは、考えても仕方のないような問題が

ほとんどです。だからこそ、いつも頭から離れず、あなたのこころを悩ませ続けるのです。考えても解決不可能な問題は、考えること自体やめましょう。

このとき、「これは、もう終了！」など、意識を切り替える自分だけのキーワードを決めておくと効果が上がります。これはソート・ストッピング（思考の停止：thought stopping）といって、こころを軽くする心理学的手法です。

⑤ 自己効力感をアップさせる

日々の行動やこころの動きを言葉や絵として記録することで、自分の変化や成長を具体的に感じることができます。小さな目標達成を積み上げている自分を感じると、自己効力感は確実に高まっていきます。夢への階段を一歩ずつ上っていく自分を実感できることでしょう。

自己効力感とは、「これからやろうとすることに対して、何かできる気がする、うまくやれそうな気がする」という感覚のこと。「自信」に近い概念ともいえます

書くことで初めて自分の壁を越えられる

「書く」という行為でセルフモニタリングができるようになると、自分のいいところにも悪いところにも向き合うことができるようになります。人間は本能的に、自分の「認めたくない弱い部分」「本当は気がつきたくないダメな部分」を避けようとします。そんな、自分で作ってしまうこころの壁を打破する、たったひとつの方法が「書く」ということなのです。

自分で認めて受け入れることで、初めて人はそれを乗り越えられるのです。

また、書き出した文字や絵を眺めることで、思考回路が刺激され、潜在意識に埋もれていた本当の気持ちや、新たな願望がムクムクと顔を出してきます。

一時期流行した「レコーディングダイエット」も、"ただ体重を記録するだけで痩せる"といったものでしたが、これも、書くことによって"痩せる！"という思考回路にスイッチが入り、無意識的に願望を実現させていたのです。

このように、こころや頭の中を書き出すことには、さまざまな効果と夢を実現させる力があるのです。

> アスリートの名言
> 心の成長がそのまま結果や内容に表れると実感している。精神面が弱いとは、以前は自分では思っていなかった。というより、認めたくなかった。でも自分の弱さを認めて、じゃあどうするかと考えた方が結局はプラスに作用する。
> （福原 愛）

「発想する」ことで脳が活性化する

セルフトーク（独り言）から発想へ

　夢ノートに日々の出来事を書き出していると、文字を書きながら、いつのまにかこころの中でいろいろと考えている自分に気づくことでしょう。そんな自分に気づいたら、あなたの夢体力は確実に高まっている証拠です。頭に浮かんだことを、恥ずかしがらずに声に出してみてください。

　夢ノートの最初の方に、今日あった楽しかったことやうれしかったことなど、ポジティブなことを3つ書く欄があります。「今日、練習中にコーチに褒められた」と書き出しながら、「うれしかったなあ。いつも厳しいコーチが、なぜ……」といった考えが浮かび、ぶつぶつ独り言を言っているかもしれません。

　これを心理学では「セルフトーク」(self talk)と呼び、頭の中の意識化、思考の整理に有効な方法とされています。

　その独り言を、次はノートに走り書きしてみましょう。
「あれ、プレー◎!?　コーチ機嫌◎？」
　それだけでOK。書き出しながら、
「あのプレー？　いや、あいつは叱られてたぞ？」
　など、また別のことが頭に浮かんできているはずです。
　つまり、「発想すること」で、あなたの脳がどんどん活性化していきます。そんな「脳の活性化」こそ、夢ノートの大きな目的のひとつです。

発想を言葉からイラストへ

　最初は言葉を文字にして書き出すことから始め、いろいろな発想が浮かんできたら、今度は言葉ではなく絵（イメージやマンガ）などで、こころに浮かんだことを描いてみましょう。絵によるイメージの視覚化は発想を膨らませ、イメージを鮮明化

してくれます。内村航平選手やサッカーの中村俊輔選手のノートには、イラストが満載です。

　大脳は、右脳と左脳（右半球と左半球）に分かれています。言葉で論理的に考えるときに主に働く「左脳」を刺激した後は、イメージやアイデアを創り出すときに主に働く「右脳」の潜在能力を刺激していきましょう。
　上手に描く必要はありません。思いついたイメージを、そのまま絵にしてみましょう。描いた絵が意外にうまいことに驚いたり、あまりの下手さに笑ってしまったり。自分さえわかればいいのですから、なんでもいいのです。
　そして、発想を絵で表現するとき、「カチャカチャ、ウィーンウィーン！」と、今まで使っていなかった脳細胞が、せっせと稼働を始めたことに気づくかもしれません。
　夢ノートは、続けていく中で、**右脳と左脳の両方を行ったり来たりすることにより、論理的分析力と創造的思考の両方を鍛えられる**ように構成されています。

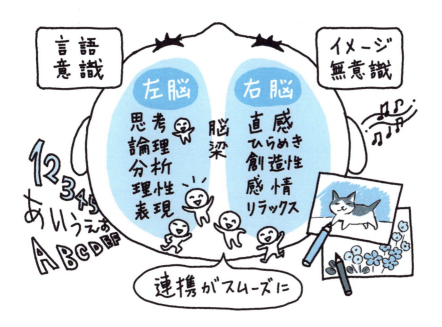

第2章／「夢ノート」には心理学的効果が詰まっている

3 「できる気がする」が大きな一歩

自己効力感は夢実現の原動力

「なんだかできる気がしてきたぞ……」。この感覚こそ、夢体力の第一歩です。頭の中を文字にして吐き出すだけで、「何か変わってきたかな」「ノートが続けられそうな気がする」といった、「できるような気がしてきた」と感じ始めていること――これがあなたの夢実現を支える大きな力、「自己効力感」です。

自己効力感を高めることで、ポジティブな気持ちが生まれ、物事に積極的に取り組む意欲が湧いてくると言われています。つまり、自己効力感の向上こそ、あなたの夢実現の原動力になるのです。

羽生結弦選手や体操の白井健三選手らトップアスリートは、堂々と振る舞い、自信に満ち溢れた表情をしています。彼らは最初から自信家だったのでしょうか？ そうではありませんね。ずっと自信に満ち溢れていられる人間などいないでしょう。

トップアスリートと言えども、新しいことを始めたばかりで失敗を繰り返す時期が必ずあるので、しょげることもイライラすることもあるはずです。彼らは、失敗を繰り返しながら、夢に向かって小さな目標達成を積み重ねることで、自己効力感を高めてきたのです。

「今日できたこと」を書くのはその第一歩です。

あなたも、何でもいいから「今日できたこと」を書き続けましょう。

書き続けることで、「何か変わった」と感じたとき、あなたの自己効力感は、確実に高まっています。トップアスリートへの第一歩を、あなたも歩み始めたのです。

アスリートの名言

自分が自分に「よくやっている」って思ったら、その時にはもう終わりが近いってことだよ。

（中田英寿）

アスリートの名言

俺ってすごくポジティブな性格だけど、裏を返せば、実はすごく不安な性格なんです。不安だから努力しようと思う。簡単に言えば強がっているんですよ。

（本田圭佑）

ポジティブ思考で毎日が楽しくなる

トップアスリートは、ポジティブな思考変換の達人

これまでで一番緊張した場面を思い出してみてください。

たとえば、ずっと目標にしてきた重要な試合で、いよいよ出番を迎えたとき、どんな気持ちになったでしょうか？ これまでにないプレッシャーを感じて萎縮してしまい、実力が発揮できなかった経験などありませんか？ 入学試験や大切な仕事でも、同じような苦い経験をされた方も多いでしょう。

実は、世界で活躍するトップアスリートも、苦い経験を積み重ねて成長しているのはみなさんと同じです。

ではなぜ、彼らは本番で実力を発揮できるようになったのでしょうか。

それは、緊張と不安の高まる状況でも、彼らは「ポジティブな思考変換」（考え方を変えること）のできる「もうひとりの自分」を持っているからです。

イチロー選手は「プレッシャーはかかる。どうしたってかかる。逃げられない。ならばいっそのこと、プレッシャーをかけよう」と思考変換して、「重圧がかかる選手であることは誇りに思う」と自身に言い聞かせるセルフトークを実践しています。

さすがですね。プレッシャーから逃げ出したり、「プレッシャーを楽しもう」といった安易なポジティブ思考にとどまっていません。イチロー選手は、重圧を感じる状況を「自分の努力の成果」であり、「自分の成長の場」として活用できるよう、セルフトークを用いて見事に思考変換できています。

これが本当の意味での「ポジティブ思考」です。

ポジティブとは、単に「積極的」というだけではなく、成長を促すための「挑戦的」「合理的」「自己肯定的」な意味を持っているのです。

> **アスリートの名言**
> 悔しさを忘れないように、銀メダルは見えるところに置いておきます。
> （浅田真央）

> **アスリートの名言**
> プレッシャーを感じても乗り越えることができれば、自分が強くなれる。
> （羽生結弦）

> **アスリートの名言**
> 僕は期待されるほどやる気も増して、応援してもらった分だけ演技で返そうという気が働きます。だからプレッシャーも全くありません。
> （内村航平）

元気を取り戻すポジティブ思考

　トップアスリートだって、もちろん最初からポジティブな思考変換ができたわけではありません。日々、ポジティブ思考を心がけることで、その力を身につけてきたのです。

　ポジティブ思考を身につけるため、夢ノートでは、「今日あったポジティブなことを3つ思い浮かべる」といった簡単なことから始めます。**ポジティブなことを考えているだけで、なんだか明るい気分になれるものです。**

　また、夢ノートに書き出したその言葉をしばし眺めてその情景を思い浮かべていると、「あれ、そういえば、このとき、○○さんが隣で一緒に微笑んでくれてたな。私だけでなく、○○さんも楽しい気持ちになっていたんだ」など、それまで意識しなかった友人の存在に気づけるかもしれません。一緒に楽しめる友人の存在に気づいたあなたは、今までよりもずっと幸せな気持ちになれることでしょう。

> **アスリートの名言**
> 何も咲かない寒い日は、下へ下へと根を伸ばせ。やがて大きな花が咲く。
> （高橋尚子）

> **アスリートの名言**
> 私は勝ち続けることで成長したんじゃなく、負けて強くなってきたんです。
> （吉田沙保里）

「もうひとりの自分」の発見

　いつも厳しいコーチが、ふと優しい言葉をかけてくれた瞬間、「あれ、この人、意外に優しいかも」なんて思った経験はありませんか？　同じ人や事柄でも、少し見方を変えるだけで、まったく別の印象に変わります。日々の出来事をノートに書き出し、ノート上からその状況を思い浮かべていると、リアルタイムでは意識しなかったことに気づけるようになるのです。

　この**「もうひとりの自分で、同じものを一段上から眺めてみること」**は、実は、夢体力を大きく高めてくれる原動力です。

　上から全体を眺めることで、同じ事柄を違う観点から分析できます。別の見方をし始めた自分に気づくでしょう。もうひとりの自分の存在は、夢体力を高める重要なキーマンです。

> **アスリートの名言**
> 自分のこころを整えるのは、自分の行動しかない。見えるものと闘っていくしかない。
> （五郎丸 歩）

ポジティブな「もうひとりの自分」の作り方

　イチロー選手が実践する思考変換は、「認知変容」（見方や考え方を変えること）という心理学の考え方を活用したものです。

　つまり、「緊張と不安でいっぱい」と感じる場面を、「幸せでまたとない挑戦のチャンス」と思考変換し、その状況の持つ「意味のラベル」を張り替えてしまっているのです。このように、**思考変換によってポジティブな「ラベルの張り替え」を行い、物事に取り組む方法は、夢体力の増強にとても有効です。**

　トップアスリートの得意な、このポジティブな「ラベルの張り替え」（思考変換）に、あなたもトライしてみましょう！

> **アスリートの名言**
> 自分がプレッシャーだと思えばプレッシャーだし、そうじゃないと思えばそうじゃなくなる。私はプレッシャーだと受け取らずに、マイペースにやっています。
> （澤 穂希）

5 外側から「自分を観る」

夢ノートにも生かされる瞑想(めいそう)の原理

瞑想をしているアスリートはとても多いです。

仏教と深く結びついた瞑想には、「止(し)・観(かん)・定(じょう)」という考え方があります。

瞑想では、まず「止」の段階で「今ここ」の意識と感覚に集中できるようにします。次の「観」では、「一歩退いて自分を眺める」(俯瞰する)ことを目指していきます。そして「定」の段階では、ありのままの自分を受け入れ、気づきを高めます。

瞑想ではこのような段階を経て、「ある対象に意識を向ける訓練を行い、心理的幸福に到達すること」を目指していきます。

このプロセス、何かに似ていませんか？　そう、夢ノートで行う「頭の中の出来事を書き出し」、続いて「もうひとりの自分の目で、多様な観点からイメージし深く考えていく」こととよく似ていますね。瞑想の原理は、夢ノートにも生かされているのです。

宮本武蔵の『五輪書』〈ごりんのしょ〉には、「観は心で見て、見は眼で見る事である」と記されています。つまり、単に視覚でとらえることが「見る」、広く上から眺めることを「観る」と考えて使い分けているのです

「内側」から見る自分から、「外側」から観る自分へ

夢ノートの大きな目的のひとつに、ものごとを見る観点を、「内側」の自分から「外側」の自分へと変えていく、ということがあります。

内側の自分では行き詰まっていた問題が、外側の自分の視点に変えることで視野が広がり、パッと解決方法が見つかったりするわけです。

もっと進むと、内側と外側の両方に、自ら意識的かつ自在に視点を変換できるようになります。夢ノートが目指す最終段階はここです。

少年時代からセリエA入団を夢見ていた本田圭佑選手。2014年、セリエAのACミランへの入団会見でミランを選んだ理由を聞かれ、こう語った。「心の中のリトル・ホンダに聞きました。そうしたら『ミランでプレーしたい』と答えた。それが決断した理由です」。

「振り返る」プロセスでこころが成長する

　ここまで、夢ノートで身につく夢体力、そして「こころの力」について解説をしてきました。

　あなたは、すでに気づいていますよね。「ノートに書き出し、見返す」ことができるようになると、いろいろな「こころの力」が身につくことを。

　時間をおいて見返していると、「このとき、こんなことをしていれば、こうなっていたかな。今度はこうしよう……」など、いろいろなイメージやアイデアが思い浮かんでくると思います。そのプロセスで、あなたの「問題解決」「創造的思考」「意志決定」など「こころの力」が大きく成長していきます。

> **アスリートの名言**
> 対戦相手から研究されるようにもなったけど、研究されても勝つのが本当の勝ち。前に試合をした時と同じ自分でなく、新しい技を身につけた自分として再戦するのが理想。
> （伊藤美誠）

長谷部誠選手に学ぶ "読書ノート"

　サッカー日本代表のキャプテン・長谷部誠選手もメンタルトレーニングの重要性を体現するトップアスリートのひとりです。
　彼のモットーは、こころを"鍛える"のではなく、"整える"。
　普段の生活から、こころが乱れないように頭の中を整え、どんなシーンでも揺らぐことがないようにメンタルコントロールをしているそうです。
　――答えがないようなことを延々と考えすぎて、迷いが生まれたときにどう切り替えるか。そういうときに僕は、身近なところにいる「がんばっている人」を目にするようにしている――
　思考が堂々巡りに陥ってしまったとき、ポジティブな人を見ることで、自分の気持ちもポジティブに持っていけるようなシステムを自分の中に築き上げているのです。
　また長谷部選手は、大変な読書家でもあります。彼は「こころの筋トレ」と呼んでいますが、読書によってもメンタルを鍛えられ、こころが落ち着きます。
　彼は本の中でグッときたフレーズや大事な部分をノートに書き留める「読書ノート」を作り、何度も読み返しているそうです。そうすることで自然と自分の糧となり、より成長していけるのです。
　そんな「読書ノート」を「夢ノート」に書き加えるのももちろん有効です。「夢ノート」には自由に何でも書き込んでいいのです。

第3章

「夢ノート」でライフスキルを身につける

1 JFAアカデミーとライフスキル

トップアスリートに必要不可欠な「こころの力」

　私は日本サッカー協会（JFA）の「JFAアカデミー福島」（2006年～）と「JFAアカデミー今治」（2015年～）で、心理サポートスタッフとして、中高生にライフスキルを指導しています。

　JFAアカデミー福島は、日本サッカー協会によって「世界トップ10の個の育成」「世界基準」を目指し、2006年に開校しました。高い潜在能力を持つ子どもたちに、全寮制の中高一貫教育（今治校では中学3年間）で良い指導と環境を提供し、長期的視野に立って選手の育成が行われています。
　一方の今治校は女子中学生を対象にしており、平日は寮生活、週末や長期休暇には地元に帰って、所属するチームで活動します。
　アカデミーで指導しているのはサッカーだけではありません。
　人間性を育む教育も重視していて、社会をリードしていける世界基準の人材（日本でも海外でも、どんなときでも、ポジティブな態度で臨み、自信に満ち溢れた立ち居振る舞いのできる人間）育成が行われています。

　選手がプロ、日本代表として成長していくためには、ずば抜けたスキルや体力が必要なのだと思っていませんか？　それだけではダメで、「こころの成長」、すなわち「こころの力」が欠かせません。
　アスリートは、ケガやメンバー落ち、敗戦など競技場面でさまざまな挫折に直面し、苦悩しています。そんなときでも、夢に向かって努力を続けることのできる「折れないこころの力」がなくては成長などできないでしょう。
　そんな「こころの力」の中心になるのがライフスキルです。

「こころの力」の中心にある「ライフスキル」

　ライフスキルは、「日常のさまざまな問題や要求に対して、より建設的かつ効果的に対処するために必要不可欠な能力」（WHO,1960）と定義されています。

　もっと簡単にいえば、選手がトップアスリートへと成長するために重要な「こころの力」であり、人が社会でたくましく、楽しくポジティブに生きていくために必要な「生きる力」なのです。

　さまざまな困難な状況を、自らポジティブに解決し乗り越えていく「課題解決能力」でもあります。

　アスリートでなくても、得意なことでは力を発揮できるのに、不得意なこと、緊張や不安に駆られる状況になると実力を発揮できず悔しい思いを経験してきた人も多いでしょう。

ライフスキル獲得への第一歩とは？

　アカデミーでは、まず頭の中にある意識を言葉に表すことから始めます。

　具体的には「自分の性格を3つの言葉で表現してみよう」との問いかけに、アカデミー生自身が、自分の意識の中を散歩し始めます。

　みなさんも「自分の性格を3つの言葉で」表現し、書き出してみてください。

「まじめ、負けず嫌い、それと……」「楽天的、引っ込み思案、……？」

　3つの言葉をすぐに書き出せましたか？　アカデミー生たちも、私のゼミの大学生たちも、2つくらいまではすらすらと書き出せます。しかし、3つすべてをすぐに書き出せる人は多くありません。自分のことは自分が一番よく分かっているはずなのに……。

　頭の中にある意識や記憶が、曖昧なまま放置され、忘れ去られてしまうことや、意識を言葉に表すことの難しさを感じてもらえたでしょうか。

　無意識に消え去っていくことの中には、楽しいことやポジ

ティブなこと、自分を成長させてくれる大切なことがたくさん埋もれています。こうしたことに意識を向け、記憶に定着させることができれば、夢体力は確実に高まっていきます。

アカデミーでの取り組みがこの本に活かされている

アカデミー福島では、6年かけて（今治校では3年）子どもたちの「こころの力」を大きくし、「夢体力」を養い高める取り組みを行っています。

1年目：「自分を知る」
成長には個人差がある、自分のことをポジティブに伝える、自分の夢マップを作ってみる

2年目：「仲間とかかわる」
共感して聞いてあげる、仲間の良いところを見つけ伝えてあげる、仲間と議論してみる

3年目：「仲間を導く」
リーダーシップ、目標設定と意思決定、問題解決

4年目：「たくましくなる」
ストレス・情動への対処、集中力トレーニング

5年目：「自分を導く」
キャリアプランニング、自分史

6年目：「自分に挑戦し、仲間を導く、そして歴史を創る」
自らへの批判的思考、奉仕と献身、リーダーシップ、目標設定と意思決定、問題解決

論理的に考えることが得意な「左脳」と、イメージやアイデアを創り出すことが得意な「右脳」の潜在能力を交互に刺激し活性化させることで、論理的分析力と創造的思考の両者を鍛えられるように、というプログラムです。

アカデミーで取り組んでいる6年間のプログラムを、効率よく、短期間で身につけられるよう凝縮したのが、この「夢ノート」なのです。

社会人としても役に立つこころの力

セカンドキャリアでも輝くために

　昨今、オリンピック選手やプロ野球選手などが薬物や賭博の問題で世間を騒がせ、アスリートの「こころの力」の重要性があらためてクローズアップされています。

　競技という面では誰にも負けない「こころの力」を持つ、彼らトップアスリートが、鍛え抜いたはずの「こころの力」を、なぜ社会生活では十分に発揮できなくなって、誘惑に負けてしまうのでしょうか？

　もちろん多くのアスリートは、現役引退後も社会で立派に活躍しています。ただ、競技生活で培った「こころの力」をいかにセカンドキャリアでもポジティブに発揮していくか、これは以前からスポーツ界が問われ続けている重要な問題です。

　これも「ライフスキル」が身についていないことが背景にあると考えられます。

　アカデミーでは、創設の準備段階からスポーツ界に提起され続けるこの課題に対して、真正面から向き合い議論を重ねました。その結果、2006年の創設時から選手の「こころの力」、いわゆる「ライフスキル」の育成に取り組んでいるのです。

世界のTOP10を目指す
JFAアカデミー

　JFAアカデミーは、日本サッカー協会により「世界トップ10」を目指し、全寮制でエリート教育に取り組んでいます。アカデミーでは、地域の方々と連携し、サッカーに加え、人間性を育む教育がとても重視されています。活動拠点は現在4ヵ所。福島校では、男女とも中高一貫教育の中で、週末もアカデミーでチーム活動をします。一方、熊本宇城校は男子中学生を、堺校と今治校では女子中学生を対象に、平日は寮生活、週末や長期休暇には地元に帰り、所属するチームで活動します。

福島

今治

写真はすべてJFAアカデミー提供

JFAアカデミー福島(男子)
〒412-0033　静岡県御殿場市神山719　御殿場高原ホテル時之栖別館

JFAアカデミー福島(女子)
〒410-1105　静岡県裾野市下和田656　帝人アカデミー富士内

JFAアカデミー堺
〒590-0901　大阪府堺市堺区築港八幡町145　Jグリーン堺内

JFAアカデミー今治
〒799-1607　愛媛県今治市朝倉上甲776-1

JFAアカデミー熊本宇城
〒869-0606　熊本県宇城市小川町河江52-1　宇城市立ふれあいスポーツセンター内

詳細はコチラ！　http://www.jfa.jp/youth_development/jfa_academy/

第4章

人は「夢ノート」で成長する

1 挑戦し続けるアスリートへ

天才であれば金メダルが獲れるのか？

　オリンピックの金メダルを獲得できるのは、天才的な感性やスキル、肉体を持つ選手だけなのでしょうか？　あるいは、誰よりも努力することが、金メダルの条件なのでしょうか？

　答えはどちらもNOです。天才的な感性やスキル、強い肉体、または努力だけで金メダルが手に入れられるほど、オリンピックは甘くはありません。

　現在の競技スポーツでは、高度化、プロフェッショナル化が急速に進んでいます。つまり、現在のトップアスリートには、競技に100%注力できる環境が整備され、その中で優れた感性を持つ選手たちが血のにじむような努力を続けているのです。

　金メダルを手にできるのは、創造的感性と桁外れの努力ができる資質を兼ね備えた者だけです。ではどうすれば、金メダルに近づけるのでしょうか？

> **アスリートの名言**
> 身長も大きいわけではなく、手足も長くなく、抵抗のない泳ぎかといえばそんなこともないけど、気持ちの部分の強さは、自分でも胸を張って言える。
> （瀬戸大也）

> **アスリートの名言**
> 忘れてはいけないのは、努力したから必ず勝てるとは限らない。それが大前提。でも、勝った選手というのは、絶対に努力しているんです。
> （太田雄貴）

成功のカギは日本の『道』にあり

　「守・破・離」という言葉をご存じでしょうか？　これは武道や茶道など日本古来の『道』における修行段階を示す言葉です。
- **「守」**：師匠の教えや決められた技や型を忠実に守る
- **「破」**：他の師や流派の考え方や技を取り入れ、心技体を発展させる
- **「離」**：ひとつの流派から離れ、独自に新しいものを生み出し、確立する

　この言葉は、新たな技を生み出すためには、まず反復練習による基本的技術の習得と論理的分析力が必要不可欠であること、その段階を経て初めて、創造的（天才的）感性が生かされることを示しています。長い伝統を持つ『道』の中で生み出された「守・破・離」の考え方は、独創的な技を生み出すトップ

アスリートが実践していることと重なっています。

　すなわち、オリンピックや大きな国際大会でメダルを獲得するには、**まず徹底的反復による基本技術の定着があり、そのうえでさまざまな選手や指導者の技術を分析・研究することが欠かせません。そうして初めて、自分の技を独創的に発展させることができるのです。**

> **アスリートの名言**
> 大切なのは、自分がこうなりたいからこのトレーニングをする、そういうイメージが必要だと思います。
> （川澄奈穂美）

トップアスリートの成長の陰に「ノートあり」

　トップアスリートへと成長するプロセスで、ノートはとても重要な役割を果たしています。体操の内村航平選手が小学生のときに描いたノートが好例です。日々練習した技がイラストで示され、空中姿勢や回転のタイミングなど、気がついたことが書かれていました。**毎日、反復練習で身体を動かすことに加えて、練習日誌を書くことで、技術の基本を呼び覚まし、きちんと整理して記憶に定着させる作業を続けたのです。**

　また、もうひとりの自分の目で見直すことで、同じ技であっても、技術を深く掘り下げていけます。

　言葉（文字）だけでなく、絵やイラストをノートに描くことで、右脳と左脳をフル回転させ、新たなアイデアを生み出し、自分だけの技のイメージを膨らませていったのでしょう。

　本田圭佑選手や羽生結弦選手も同様です。もし彼らがノートをつけていなかったら、ブレ球シュートも、4回転サルコウも、実現していなかったかもしれません。

　中村俊輔選手も高校2年生からずっと「サッカーノート」をつけています（口絵参照）。彼もまたイラストを多用しています。思いついたアイデアや仮想シーンも絵で描くことでより具体化し、実現につなげられたようです。また、悔しかったことや不安、スランプのときや誰にも言えないことも、ノートに書き出してきたそうです。まずは自分のどんな感情も認め、意識に上らせ、整理することでクリアすることができたのでしょう。

　中村選手を築き上げ、世界に羽ばたかせたといっても過言ではない「サッカーノート」。彼はそれを"宝物"と呼んでいます。

目標達成を目指す社会人や受験生へ

元気を取り戻すためには「初心に戻る！」

　いろいろな夢や目標を持って始めた仕事でも、気がついたら日々の仕事に忙殺され、ただ業務をこなすだけの状態になっていたという人もいるかもしれません。知らぬ間に陥るそんな「落とし穴」が、誰にだって待ちかまえています。

　仕事だけではありませんね。勉強でも同様です。

　すべての人がいつでも、仕事や勉強に対して、自らの意志で目標を定め、自立・自律して取り組めているわけではありません。毎日の仕事や受験勉強にも、弱いこころが顔を出したり、いつの間にか怠けてしまいがちです。

　そんな社会人や受験生のみなさんが「生き生きした意志のある人」に戻り、「夢に向かって努力を続ける人間」に成長していくにはどうすればいいのでしょうか？

　何よりも大切なのは、初心に返って元気を取り戻すことです。それには、**自分の「今」を書き出すことから始め、客観的にさまざまな観点から自分の現状を分析することが必要**です。

　だから夢ノートが有効なのです。

　背負い過ぎた荷物を一度降ろして、倉庫に仕舞うものとすぐに対応すべきものに整理し、優先順位をつけましょう。頭の中を支配している不安や焦りをノートに書き出すことで、無駄に悩んで時間を浪費したり、自分で自分を苦しめる悪循環から解放されます。

　ノートでの整理で仕事の道筋が見えてくれば、再び元気を取り戻し、まずは一歩を踏み出すことができ、粘り強く仕事に取り組めるようになることでしょう。

　今抱えている仕事にめどが立ったら、悩み苦しんだ時期に自分が書き綴ったことを見返してみてください。悩んだ原因やつ

> **アスリートの名言**
> 他人よりも2倍も3倍も努力し、やらされる3時間より自ら進んでやる1時間の価値を知り、あきらめず最後までやり通す根性の卓球選手になりたい。
> （水谷 隼）

> **アスリートの名言**
> 自分で変えられないものを受け入れて、変えられるものを変えていくしかない！
> （髙橋大輔）

まずいたポイントを分析し、目標を再設定することで、新たなスタートが切れることでしょう。

こんなポジティブな歩みが、夢ノートを書き続けることで自然と身についていきます。

夢ノートで身につけたスキルは一生もの

夢ノートの目的は、「時の流れ」とともに変化していきます。「若いころの夢ノート」から「夢を実現する目標設定と達成ノート」、次に社会人として必要不可欠な「ビジネスノート」（to doリスト、目標、キャリアプランニング）へと姿を変えていくことでしょう。そして、リタイア後の資産運用や大きなライフプランニングをして、エンディングノートへと発展していくかもしれません。

夢ノートを書くことで身につくスキルは、一生ものの財産といって過言ではありません。

「夢ノート」が夢を叶えてくれる

こころと身体は深くつながっています。いくら身体が元気でも、こころがついてこなかったり、常に乱れているようなら、望むような人生を歩むことが難しいかもしれません。

とはいえ、人のこころには始終あらゆる感情が吹き荒れます。ストレスの多い現代社会においては、自分ではどうすることもできないと思えるようなこともあるでしょう。

それらのこころの内や頭の中を整理することで、どうにもならないと思っていたことの解決の糸口が見えたり、思わぬところに希望の光があるかもしれません。そうすることで自分自身が好きになったり、生きるのが楽しくなったり、望むような未来を手にすることができるなら……。

やってみない手はないでしょう。それが「夢ノート」なのです。

難しく考える必要はありません。まずはできることから。

今日から夢ノートに向き合うだけで、確実にあなたの人生は前向きに動き出します。

> **アスリートの名言**
> 現状よりも良くするには、次にどうすればいいか、絶えず考えること。
> （室伏広治）

絵をたくさん使うと
効果UP↑

夢ノートは、イラストを多用するとイメージが広がりやすいです。絵が苦手という人も、この絵を参考にトライしてみましょう。ヘタでも大丈夫！　自分さえわかればOKですから。

第5章

「夢ノート」の書き方・使い方

いよいよ、55ページからの「夢ノート」の書き方と使い方について説明していきます。

今日からいきなり書き始めてもOK。毎週のテーマにさっと目を通してから始めると、より効果的です。

夢ノートを書くのに最も効果的なタイミングは、寝る前の時間です。1日を振り返り、今日あった出来事を書き出すことで、頭の中を整理でき、スッキリした気持ちになります。

またポジティブなことを思い出すことで、慌ただしかった1日を楽しく感じながら眠りにつけ、明日の活力が湧いてきます。

1ヵ月目──「ポジティブ思考」のマスター

簡単なことから少しずつ、質問に答える形で書いていきましょう。3つ書き出すことが目標ですが、はじめは1つでも2つでも構いません。初日から3つ以上思いつく人は、すでにすばらしい潜在能力が引き出されています。たくさん出てくる人は、遠慮せず余白にすべて書いてみて下さい。

第1週のテーマ「ポジティブ思考でこころを刺激！」

忙しくあっという間に過ぎた今日1日。そんな日にも、気づいていないだけで、楽しかったことやうれしかったことは、たくさんあるものです。

「よく眠れた」「朝ご飯がおいしかった」、「電車で座れた」「天気が良かった」「好きな人と目が合った」「朝のテレビ番組の星占いで今日の運勢が1位だった」「LINEの返信がすぐにきた」「今までできなかったプレーができるようになった」「コーチに褒められた」「記録が伸びた」などなど、今日の楽しかったことやうれしかったことを、夢ノートに書き出しましょう。

なんでも構いません。頭の中にあるものを、箇条書きにしてみてください。思い出して書き出しているうちに、楽しい気分になってきたのではないでしょうか。

そう、気に留めていないだけで、ポジティブなことは1日の中にたくさんあるものです。前向きなことに意識を向けるだけで、あなたの脳は、早速ポジティブ思考を始めます。

夢ノートを書き始めて何日かしたら、楽しかったことやうれしかったこと、つまりポジティブなことがあったとき、どんな気持ちになれたかもあわせて書き出してみましょう。

　たとえば「よく眠れた」というとき、「スッキリした」「今日はいけそう」「疲れが取れた」「お腹ペコペコ。朝ご飯が楽しみ」といった気持ちになったのではありませんか？

　ポジティブなことが、あなたのこころに元気を注入してくれているのです。明日もまた、ポジティブなことがたくさん起こることを期待し、ポジティブな夢を見ている自分を楽しみに、眠りにつきましょう。

　7日目には第1週を振り返り、「今週1週間でがんばったこと」を3つ書き出してみましょう。

「LINEをすぐに返した」「練習を休まなかった」「身体を大きくするためにご飯をたくさん食べた」「練習後のストレッチを毎日やった」「できない技を練習し続けた」……。

「がんばった自分」が思っていた以上に多いことに気がついたことでしょう。今日1日、がんばっていた自分を思い出しながら、感じたことを書き加えておきましょう。(P56へ)

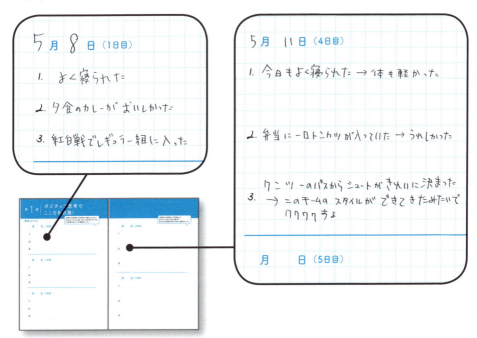

第2週のテーマ「あなたは身近な人をHappyにしている存在」

　今週は「今日、誰かにしてあげたこと」と「誰かにしてもらったこと」を書きましょう。そのときの「相手と自分の気持ち」も書き加えます。どんなことでもかまいません。「お茶を淹れてあげた」「席を譲ってあげた」「LINEを返してあげた」「ボールを取ってあげた」「苦しそうな仲間に『一緒にがんばろうぜ』と声をかけてあげた」——身近な人に、意外にたくさんのことをしてあげている自分に気がつくことでしょう。

　「苦しそうな仲間に声をかけた」とき、その仲間は「もう少しがんばってみよう」と元気を取り戻してくれたかもしれません。その姿を見てあなた自身も、「苦しいあいつが、がんばろうとしている。俺ももっとがんばらないと」と、知らないうちに自分のこころに元気を注入していたことでしょう。

　気がついていないだけで、あなたは身近な人たちを"Happy"にし、仲間にポジティブな働きかけをすることで、あなた自身もポジティブな気持ちをたくさんもらっているのです。

　あなたのポジティブな働きかけが、周りに「ポジティブな好循環サイクル」を創り出すきっかけになっているのです。

　明日もまた「誰かに何かをしてあげること」で、新たな「ポジティブな好循環サイクル」を発信していきましょう。

　そして7日目、やはり1週間を振り返りながら、「今週1週間でがんばったこと」を3つ、「もっとがんばりたかったこと」を3つ書き出してみましょう。（P60へ）

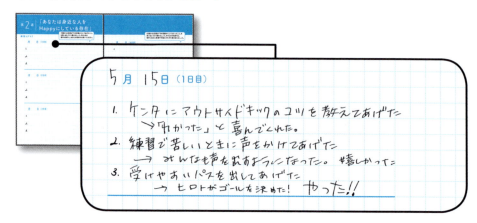

第3週のテーマ「ポジティブな観察眼」を身につけよう

　今週は「ポジティブに観察する目」を身につけていきます。

　まず、毎日会う人の中から、接することの多い人を3人選んでください。そのうち2人は、必ず家族以外の方を選ぶようにしましょう。そして、選んだ3人を毎日観察してください。観察するポイントは「その人の良いところを具体的に探す」こと。「人の話をたくさん聞いてあげている」「いつも一番早く練習に来ている」「笑顔を絶やさない」「練習で手を抜くことがない」「いつも挨拶してくれる」などなど。

　毎日、同じ人を観察してみると、ポジティブな場面を多く見つけられるはずです。その日に観察できた「その人の良いところ」を具体的にノートに書き出してください。またその人のポジティブな面に触れたとき、どう感じたかを書き加えましょう。

　7日目は、この1週間を振り返りながら、あなたが今週1週間で「がんばったこと」「もっとがんばりたかったこと」に加え、「来週がんばりたいこと」をそれぞれ3つ書き出してみましょう。感じたことも書き加えておきます。

　来週は「がんばりたいこと」に挑戦します。

　5分間だけ、その準備をしましょう。来週がんばりたい3つのことから、明日がんばりたいことを1つだけ選んで、4週目のページに書き出してください。またそのために、どのような具体的な行動が必要かを書き出しましょう。（P64へ）

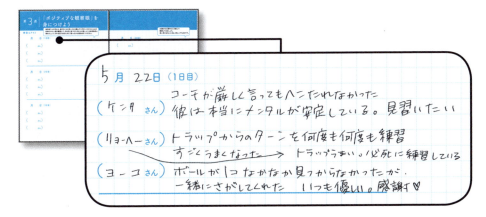

第4週のテーマ「がんばりたいこと」に挑戦

　今週は、いよいよがんばりたいことへの挑戦です。1つ選んだことに2日間ずつ挑戦し、6日間で3つのことに挑戦します。
　1～6日目、毎日の振り返りでは、がんばりたかった目標に対する「達成度」と「成長度」について、"もう一人の自分"の目で自分を評価してみましょう。
　「何％できるようになったか」を考える中で、具体的に何ができるようになったのかも書き出します。
　続いて、この挑戦によって「自分が何％成長できたか」を考えて、「具体的にどのように成長できたのか」を書き出しましょう。そして「達成度」を高めるために「どのようなこころの持ち方で」「具体的にどのような行動を取り入れていくのか」まで書き出しましょう。
　翌日の挑戦では、自分の書き出した「こころの持ち方」と「具体的行動」で達成度を高め、成長している自分をイメージしてみましょう。

　7日目には、この1週間に3つの「がんばりたいこと」をがんばった自分をノートで振り返り、「できるようになったこと」と「成長した自分」を書き出してみましょう。自分の気持ちや周りの人たちの反応も書き出しておきましょう。
　この振り返りの結果が「今週がんばったこと」になります。
　次は、先週と同じように、「今週もっとがんばりたかったこと」「来週がんばりたいこと」を3つずつ、ノートに書き出してみましょう。
　そして最後に、がんばりたいことの中から、明日がんばりたいことを1つだけ選んで、第5週目のノートの右上に書き出してください。またそのことをがんばるために、どのような具体的な行動が必要かを書き出しておきましょう。（P68へ）

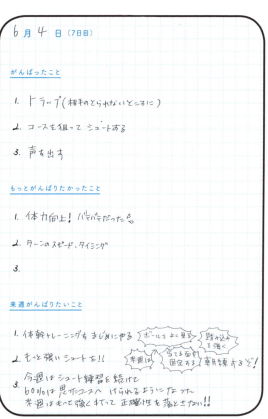

2ヵ月目――「イメージ力のアップ」

　ノートを書き始めて1ヵ月が過ぎました。あなたのポジティブ度はアップし、夢体力がつきはじめています。

　これまでは、「言葉」によって頭の中を「ビジュアル化」することで、主に左脳を刺激してきました。

　今日からは、頭の中をイラストやマンガなど「絵」を用いて、より「ビジュアル化」することで、主に右脳を刺激し、イメージやアイデアの潜在能力を引き出していきましょう。

　進め方や描く対象は、1ヵ月目とほぼ同じ内容です。

　最初は、言葉で発想したイメージを絵で描くことに時間がかかってしまうかもしれませんが、上手に書く必要はありません。絵に補足して文字を書き足してもわかりやすいでしょう。描きながら自分の絵のうまさに驚いたり、逆にあまりの下手さに吹き出したり、意外に楽しめるものです。

第5週のテーマ「イメージで膨らむポジティブハート」

　前月と同様に、「今日あったポジティブなこと」を3つ、今度は絵で描いてみましょう。

　うまく描けなくても全然OK。顔文字や記号のようなものでいいので、ポジティブな出来事を絵にしていきましょう。「そのときのあなた自身の気持ち」も絵にしてください。

　ポイントは「文字から絵へ」「箇条書きからランダムな書き方へ」です。頭の中の考えを絵に描くことで、発想が広がり、イメージがはっきりしてきます。

　これまであまり使うことのなかった脳細胞が、「カシャカシャ、ウィーン」と動き始めているのです！

　週の最後の7日目、まずは昨日まで描いた絵を見返してみましょう。自分で描いた6日分の絵を見ていると、なんだか愉快な気持ちになっているのではありませんか？

　絵を見て1週間を振り返りながら、今週あなたががんばったことを3つ、絵で描いてみてください。

　思い出しながら、その情景や自分の気持ちを絵で描いてみると、ますます楽しい気持ちになっていくでしょう。

　来週がんばりたいことを1つ、その具体的な方法とともに、第6週のノートの右上に書いてみましょう。(P74へ)

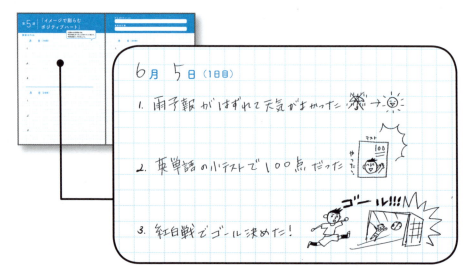

第6週のテーマ「Happyイメージで仲間もあなたも元気に」

　この週のポイントは、自分の感覚とともに、相手の気持ちや視線を想像すること。文字と絵を交えつつ、ランダムに書いていくことで発想やイメージが広がります。

　1～3日目、「今日、誰かにしてあげたこと」を思い出して、絵にしてみましょう。またそのときの「相手と自分の気持ち」も絵で表現してみてください。

　4～6日目は、あなたの選んだ3人について、その日に観察できた「その人の良いところ」を具体的に絵に描いてみましょう。またその人のポジティブな行動に触れたとき、あなたがどう感じたかも描いてみてください。

　7日目は、1週間を振り返りながら、今週あなたが「がんばったこと」と「もっとがんばりたかったこと」を、それぞれ3つ絵で描いてみましょう。

　先週と同様、「がんばっていた自分」と「もっとがんばりたかった自分」を思い出し、感じたことを絵で表現しましょう。

（P78へ）

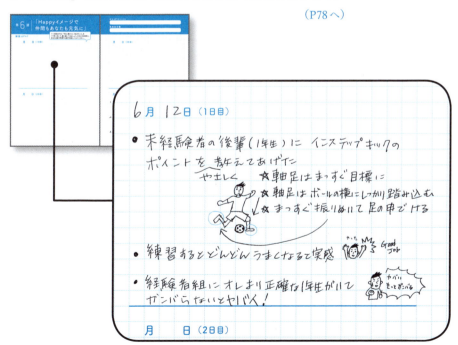

第7週のテーマ「挑戦へのロードマップ作り」

今週は、いよいよがんばりたいことへの挑戦です。

1日目は「ロードマップ」を作りましょう。

先週描いた3つの「もっとがんばりたかったこと」を見返しながら、それぞれに対して、「何を」「いつ」「どのように」がんばろうとしているのかを絵で描いてみてください。

つまりこれで、3つの目標に対するロードマップができたことになります。

2〜7日目は実際に挑戦してみましょう。

ひとつの目標に2日ずつ、6日間で3つのことにチャレンジしましょう。それぞれ振り返っては、達成度や成長度についても絵で表してみてください。

ロードマップを実行し、その結果をチェックして、次の行動に反映させていくことで、外部からの視点と自分の内部感覚、両方の融合を図っているのです。(P82へ)

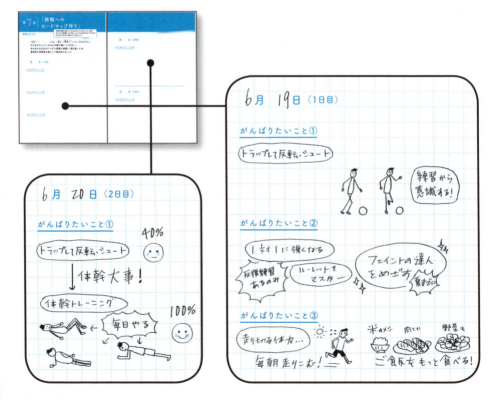

第8週のテーマ「夢マップ」作りの準備

　今週は、あなた自身の「夢マップ」の原型を作成してみましょう。まず、中央の丸の中に、自分の名前を書き込みます。

　そこから伸びた3本の線の先に、この2ヵ月で「がんばったこと」「もっとがんばりたかったこと」「今月がんばりたいことを」を書いてください。その先は自由に線を伸ばして、頭の中に浮かんだことをどんどん書き連ねましょう（「絵」でもOKです）。

　ひとつだけ心がけてほしいことがあります。

　もし、ネガティブな事柄が出てきたら、その先に伸ばした線の先には「その壁を乗り越えたら、自分がどのように成長できるか」を書くようにしてください。

　そのほかにルールはありません。「そのときの気持ち」「そのときの姿」「周りの人たちの気持ち」「ほかにどんな選択肢があったか」など、頭に浮かんだことをどんどん書きましょう。

　最後に、中央の丸の中に、現在のあなたのイメージを絵で描きましょう。気がつけば「今月の夢マップ」が完成しています。

（P86へ）

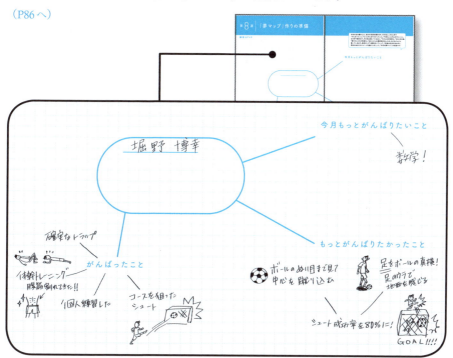

3ヵ月目——「夢マップ」完成へ!

いよいよ3ヵ月目に入りました。ここまで続けてきたみなさんには、相当な「夢体力」がついています。今月は、夢マップを完成させていきましょう。

第9週「今月の夢マップ」を磨こう

先週作った「今月の夢マップ」をブラッシュアップさせていきます。手順としては、「今月がんばりたいこと」の部分を文字と絵を交えて書きましょう。毎日、これに「今日がんばったこと」「今日もっとがんばりたかったこと」「明日がんばりたいこと」を文字と絵を使って、描き加えていくのです。

事柄の関係を考えながら、線と丸でわかりやすくなるよう配置していきますが、「夢マップ」の広がりを意識して、自由に発想していくのがコツです。ラインマーカーや色鉛筆などを使って、文字と絵をカラフルに楽しく書きましょう。(P94へ)

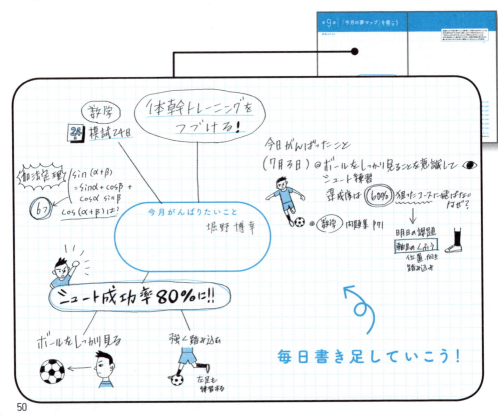

第10週のテーマ「自分史」で20年後の夢マップを

　今週は、"自分史"を作りながら、20年後の夢マップを作ります。「夢マップ」中央の丸に「20年後の＊＊＊＊（あなたの氏名）」と書き、線を伸ばした先に「こうなっていたい」「これをしたい」といった、"自分の未来"を文字と絵で書いて丸で囲んでいきましょう。

　自由に発想してたくさん書きましょう。

　たとえば「オーロラを見に行っている」という"未来"を書いたら、「かわいい奥さん（かっこいい夫）と子ども2人と一緒」や「オーロラを見上げて感動している自分の絵」、「今度はナイアガラの滝に行くぞー！」というセリフも出てきそうです。

　1週間かけて、線をどんどん伸ばして事柄を増やしていきましょう。線と丸をつなげて、20年後の自分の姿を膨らませます。

（P100へ）

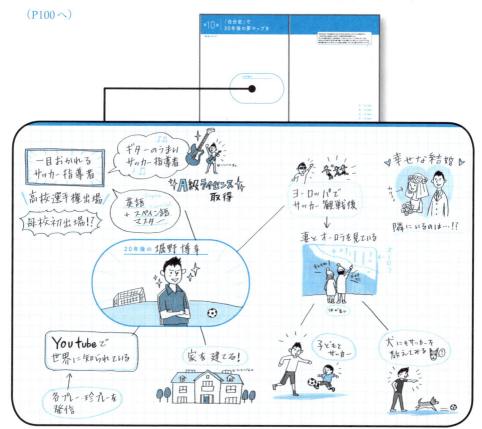

第11週のテーマ「夢達成のイメージでワクワクを増やす」

　先週の「20年後のなりたい自分」（目標）へと向かうプロセスを描きましょう。つまり、その目標へと向かうあなたの「10年後」「5年後」「1年後」を絵で表すのです。
　それぞれの段階の自分や周りの人たちの姿、表情も描きましょう。（P106へ）

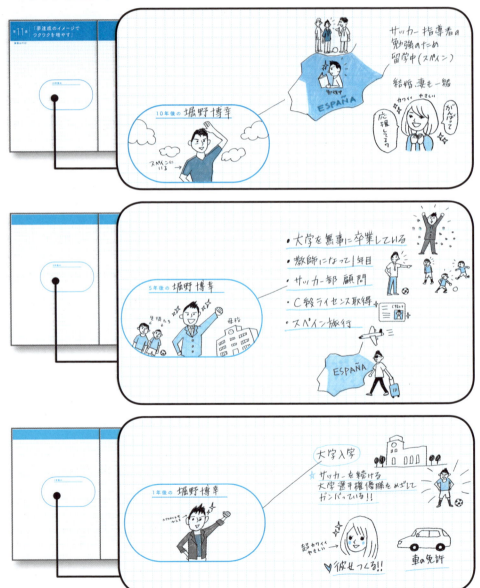

第12週のテーマ「自分だけの夢マップ完成！」

いよいよ、今週は夢マップを完成させます。

中央の丸に「＊＊＊＊（あなたの氏名）の夢」と書いて、自分の夢や目標を文字や絵でどんどん書き連ねていきましょう。

夢ノートを3ヵ月書き続けてきたことで、あなたの脳は活性化し、潜在能力は引き出されています。

すでにあなたは、体質改善されて「夢実現体質」になり、「夢体力」も大きくアップしています。

ポジティブに、楽しく、そして具体的かつ段階的な目標を書き連ねながら、あなただけの夢マップを完成させましょう。書き終わったら、日付とサインも忘れずに。

そして、夢実現に向かって、日々ポジティブに行動し、夢マップを見返しながら、ひとつずつ目標を達成していきましょう。遠かった「夢」も目の前の目標に変わっているはずです。

さあ、「夢」に向かって歩き始めましょう。（P118へ）

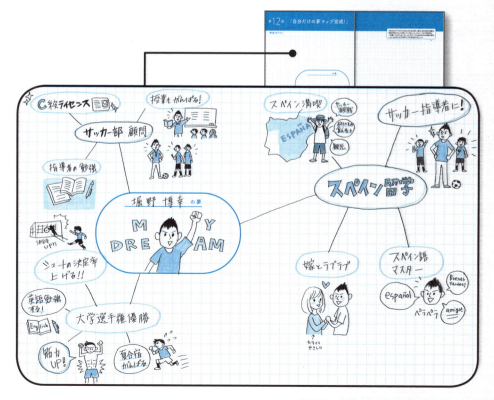

「夢ノート」を書こう!

The 1st month

1ヵ月目

第1週 ポジティブ思考でこころを刺激!

解説はP40

> 1日目から3日目は、その日あった楽しかったこと、うれしかったこと、良かったことなどポジティブなことを思い出して、3つ書きましょう。

　　月　　日（1日目）

1.

2.

3.

　　月　　日（2日目）

1.

2.

3.

　　月　　日（3日目）

1.

2.

3.

月　　　日（4日目）

> 4日目から6日目は、その日あった
> ポジティブなことを3つ挙げて、
> そのときの気持ちをそれぞれに書きましょう。

1.

2.

3.

　　　月　　　日（5日目）

1.

2.

3.

月　　日（6日目）

1.

2.

3.

> 今週1週間で
> がんばったことを
> 3つ書きましょう。

月　　日（7日目）

1.

2.

3.

第1週

フリースペースには、1週間の間にあったことや感じたことを自由に書き出しましょう。

第2週　「あなたは身近な人をHappyにしている存在」

解説はP42

> 1日目から3日目は「その日誰かにしてあげたこと」を思い出して3つ書きましょう。そのときの相手の様子と、あなたの気持ちも書いてください。

　　月　　　日（1日目）

1.

2.

3.

　　月　　　日（2日目）

1.

2.

3.

　　月　　　日（3日目）

1.

2.

3.

> 4日目から6日目は「その日誰かにしてもらったこと」を思い出して3つ書きましょう。そのときの気持ちと、相手に伝えた言葉や行動もそれぞれ書き加えましょう。

　　月　　　日（4日目）

1.

2.

3.

　　月　　　日（5日目）

1.

2.

3.

月　　　日（6日目）

1.

2.

3.

> 今週1週間で「がんばったこと」を3つ、「もっとがんばりたかったこと」を3つ書き出してみましょう。

　　　月　　　日（7日目）

今週がんばったこと

1.

2.

3.

第 2 週

もっとがんばりたかったこと

1.

2.

3.

第3週 「ポジティブな観察眼」を身につけよう

解説はP43

> 毎日会う人の中から、接することの多い3人を選んでください（そのうち2人は必ず家族以外から）。毎日観察して、その日に見つけたその人の良いところを具体的に書きましょう。それを見てあなたがどう思ったかも書き加えてください。

　　月　　　日（1日目）

（　　　　さん）

（　　　　さん）

（　　　　さん）

　　月　　　日（2日目）

（　　　　さん）

（　　　　さん）

（　　　　さん）

　　月　　　日（3日目）

（　　　　さん）

（　　　　さん）

（　　　　さん）

> 4日目からは別の3人を選んで観察してみましょう。
> 思い浮かばないときは、同じ人でもOKです。

　　月　　　日（4日目）

(　　　さん)

(　　　さん)

(　　　さん)

　　月　　　日（5日目）

(　　　さん)

(　　　さん)

(　　　さん)

月　　日（6日目）

(　　　さん)

(　　　さん)

(　　　さん)

月　　日（7日目）

今週1週間で「がんばったこと」
「もっとがんばりたかったこと」と、
「来週がんばりたいこと」をそれぞれ3つ書き出してください。

がんばったこと

1.

2.

3.

第3週

もっとがんばりたかったこと

1.

2.

3.

来週がんばりたいこと

1.

2.

3.

来週は「がんばりたいこと」に挑戦します。今から5分だけ、その準備をします。
「来週がんばりたい3つのこと」から、明日がんばりたいことを1つだけ選んで、
次のページの1日目に書き込みましょう。
また、そのためにどんな具体的な行動が必要かを書き出してみます。

第4週 「がんばりたいこと」に挑戦

解説はP44

> 先週の最後に書いた「がんばりたい3つのこと」に、2日でひとつずつ挑戦していきましょう。1日を振り返って、その目標に対しての「達成度」と「成長度」を自分で評価して書き込んでください。

　　月　　　日（1日目）

がんばりたいこと①

そのためにどうするか

達成度
(　　　　%)

成長度
(　　　　%)

　　月　　　日（2日目）

がんばりたいこと①

そのためにどうするか

達成度
(　　　　%)

成長度
(　　　　%)

月　　　日（3日目）

がんばりたいこと②

そのためにどうするか

達成度　　　　　　　　　　　成長度
（　　　％）　　　　　　　（　　　％）

　　月　　　日（4日目）

がんばりたいこと②

そのためにどうするか

達成度　　　　　　　　　　　成長度
（　　　％）　　　　　　　（　　　％）

月　　　日（5日目）

がんばりたいこと③

そのためにどうするか

達成度
（　　　　％）

成長度
（　　　　％）

　　月　　　日（6日目）

がんばりたいこと③

そのためにどうするか

達成度
（　　　　％）

成長度
（　　　　％）

第 4 週

月　　　日（7日目）

> この1週間を振り返り、3つのがんばってきたことについて、「できるようになったこと」と「成長した自分」を書き出しましょう。自分の気持ちや周りの人たちの反応も書いておきます。箇条書きにするだけでなく、矢印を入れたりランダムに書いたり、イラストを入れるのもOK、自由に書いてみましょう。

がんばったこと

1.

2.

3.

もっとがんばりたかったこと

1.

2.

3.

来週がんばりたいこと

1.

2.

3.

「来週がんばりたい3つのこと」から、明日がんばりたいことを1つだけ選んで、P75の右上に書きましょう。
また、そのためにどんな具体的な行動が必要かを書き出してみます。

column

夢実現を支えるライフスキル ①
夢ノートを活用したメンタルリハーサル

本番で実力を発揮するためには、どうすればいいのでしょうか？

まずは「トレーニングを積み重ね、技術・体力要素を高めること」、続いて「多様な挑戦による成功体験を重ねて自己効力感を高めること」が重要です。

また、平常心で本番に臨めるよう「競技に臨むまでの過ごし方や準備の順番などの決まり事（ルーティン）を決めておくこと」も必要です。

さらには本番を想定し、成功のイメージや動作のイメージなどを、繰り返し思い浮かべておくことがとても有効です。加えて、自分自身のこころの特徴と実力発揮に必要な緊張レベルについても知っておくことが必要になります。

下の図は、心理学では有名な「逆U字曲線」です。実力を発揮するためには、「高すぎず低すぎず、適度な緊張レベル」が最適です。また「ゾーンの状態に入るためには、少し高すぎるくらいが望ましい」ともいわれています。

自分のこころの特徴を知り、今の緊張レベルを自覚し、適切な緊張レベルにセルフコントロールができれば、いつでも実力発揮が可能になります。

心理学では、上に挙げた心理的準備をメンタルリハーサルと呼びます。

このメンタルリハーサルを行うにあたり、夢ノートはとても役に立ちます。ノートに綴った「自分の特徴」「過去の挑戦と成功」「そのときに思ったこと」、そして「もうひとりの自分」を振り返ることで自身の成長を確認できます。

そのうえで、当日のさまざまな状況を想定し、こころの準備をすることで、とても効果的なイメージトレーニングになるのです。

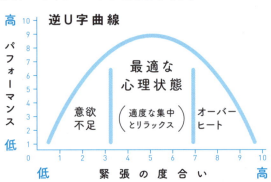

The 2nd month

2ヵ月目

第5週 「イメージで膨らむポジティブハート」

解説はP46

> 1日目から3日目までは、今日の楽しかったこと（良かったこと）を3つ、今度は絵にしてみましょう。

　　　月　　　日　（1日目）

1.

2.

3.

　　　月　　　日　（2日目）

1.

2.

3.

がんばりたいこと

具体的行動

　　　月　　　日（3日目）

1.

2.

3.

　　　月　　　日（4日目）

> 4日目から6日目は、今日、楽しかったこと（良かったこと）を3つ絵に描いて、どんな気持ちになったかも絵にしましょう。

1.

2.

3.

月　　　日（5日目）

1.

2.

3.

　　　月　　　日（6日目）

1.

2.

3.

第 5 週

月　　　日　（7日目）

> 昨日まで描いた絵を見返してから、今週あなたががんばったことを3つ、絵に描いてみましょう。
> そのときどんな気持ちになったかも絵にしてください。

来週がんばりたいことを1つ、
その具体的な方法とともにP79の右上に書きましょう。

第6週 「Happyイメージで仲間もあなたも元気に」

解説はP47

1～3日目までは、「今日、誰かにしてあげたこと」を1つ思い出して、絵に描いてみましょう。そのときの相手と、あなた自身の気持ちも絵で表現してみてください。

　　月　　　日（1日目）

　　月　　　日（2日目）

がんばりたいこと

具体的行動

　　　月　　　日（3日目）

　　　月　　　日（4日目）

1.

2.

3.

> 4〜6日目は、あなたの選んだ3人について、その日に観察できた「その人の良いところ」を具体的に絵で描いてみましょう。またその人のポジティブな行動に触れたとき、どう感じたかを描いてみてください。

月　　日（5日目）

1.

2.

3.

月　　日（6日目）

1.

2.

3.

第6週

月　　　日（7日目）

> 1週間を振り返りながら、「がんばったこと」「もっとがんばりたかったこと」（来週の目標）をそれぞれ3つ絵で描いてみましょう。感じたことも絵で表現してみてください。

がんばったこと

1.

2.

3.

もっとがんばりたかったこと（来週の目標）

1.

2.

3.

明日からは、この「もっとがんばりたかったこと」に挑戦します。
第7週の1日目のスペースに、何をがんばるのか、
まずは文字で書いておきましょう。

第7週 「挑戦へのロードマップ作り」

解説はP48

> 先週の最後に書いた「がんばりたい3つのこと」に、2日でひとつずつ挑戦していきましょう。がんばるためにどうするか、どれだけできたかも絵にしてみましょう。

1日目、がんばりたいこと①〜③に、「何を」「いつ」「どのように」がんばろうとしているのかを絵で描いてください。
次の日からは2日で1つずつ実際に挑戦し、振り返っては、達成度や成長度を絵にして描き加えましょう。

　　月　　　日（1日目）

がんばりたいこと①

がんばりたいこと②

がんばりたいこと③

月　　　日（2日目）

がんばりたいこと①

月　　　日（3日目）

がんばりたいこと①

月　　日（4日目）

がんばりたいこと②

_____

　　月　　日（5日目）

がんばりたいこと②

第 7 週

　　月　　　日（6日目）

がんばりたいこと③
_____

　　月　　　日（7日目）

がんばりたいこと③

第8週　「夢マップ」作りの準備

解説はP49

がんばったこと

中央の丸の線の上に、自分の名前を書きます。その先にこの2ヵ月で「がんばったこと」「もっとがんばりたかったこと」「今月もっとがんばりたいこと」を文字で書きます。その先は思いつくままに、「そのときの気持ち」「そのときの姿」「周りの人たちの気持ち」「ほかにどんな選択肢があったか」などをどんどん書いていきます。毎日少しずつ書き足していって、7日目は中央の丸の中に、現在のあなたのイメージを絵にしましょう。「今月の夢マップ」の完成です!

今月もっとがんばりたいこと

もっとがんばりたかったこと

月　　日（1日目）
月　　日（2日目）
月　　日（3日目）
月　　日（4日目）
月　　日（5日目）
月　　日（6日目）
月　　日（7日目）

毎日書いて、日付を入れましょう。
スペースが足りなくなったり、書き直したいときはP88-91を自由に使いましょう。

第 8 週

第8週

column

夢実現を支えるライフスキル ②
「激しい感情」に対処するための夢体力

　怒りや不安で感情が高ぶったとき、あなたはどうしていますか？
　込み上げてきた感情を抑えきれず感情のままに行動したり、攻撃的な行動で仲間を傷つけてしまったりした経験はないでしょうか。
　日常生活においても、夢を実現するためには「激しい感情」に向き合い、コントロールすることがとても大切になります。
　激しい感情に対処するためには、自分が反応しやすいストレスの種類と、自分が取りやすい行動パターンの特徴を理解しておくことが必要になります。
　それには感情をコントロールできなかった出来事をノートに記録してくことがとても有効です。記録された出来事を振り返ると、自分が反応しやすいストレスと取りやすい行動（反応パターン）が整理できるので、自分のこころと行動の特徴を、少しずつ理解することができるのです。
　そのうえで、自分に合ったストレスへの対処と感情のコントロール方法を身につけることができるでしょう。
　激しい勝負の世界に生きるアスリートが行っている対処法をご紹介します。
　テニスの錦織圭選手など、多くのアスリートが取り入れているのが「アンガーマネジメント」です。怒りをうまくコントロールすることで、エネルギーやモチベーションに変えるという方法です。未来志向になることで"今"に集中し、逆転勝利も可能にさせているのです。
　マラソンの福士加代子選手が実践しているのは、苦しいときこそ笑うこと。ゴール目前で倒れそうになりながらも、笑顔だった彼女の姿を覚えている人も多いでしょう。意識的に笑顔を作ることでこころも身体も前向きになります。
　また、イチロー選手が行っているのは「アイコントロール」。バッターボックスに入ってからの彼独特の一連の動作といえば、ピンとくるかと思います。イチロー選手の"ルーティンワーク"と呼べるものです。彼は球場ごとにいくつかポイントを決めておき、それを見ることで精神的なコントロールをしているのだそうです。カッとしてしまいがちな人は、「これを見たら落ち着く」というものを決めておくといいですね。

The 3rd month

3ヵ月目

第9週 「今月の夢マップ」を磨こう

解説はP50

今月がんばりたいこと

先週作った「今月の夢マップ」を参考に、「今月がんばりたいこと」を文字と絵で広げていきます。毎日、これに「今日がんばったこと」「今日もっとがんばりたかったこと」「明日がんばりたいこと」を文字と絵を使って、描き加えてください。事柄の関係を考えながら、線と丸でわかりやすくなるよう配置していきましょう。(P50参照)

　　　月　　　日（1日目）

　　　月　　　日（2日目）

　　　月　　　日（3日目）

　　　月　　　日（4日目）

　　　月　　　日（5日目）

　　　月　　　日（6日目）

　　　月　　　日（7日目）

毎日書いて、日付を入れましょう。

スペースが足りなくなったり、書き直したいときはP96-99を自由に使いましょう。

第 9 週

第 9 週

第10週 「自分史」で20年後の夢マップを

解説はP51

20年後の _____

中央の丸に「20年後の＊＊＊＊（あなたの氏名）」とタイトルを書きます。
この丸の中には絵も入るので、名前は枠内の線の上に。
そこから線を伸ばし、20年後の「こうなっていたい」「これをしたい」など、
あなたの"未来"を文字と絵で書いて丸で囲んでいきましょう。少しずつでも、
毎日書き加えていきましょう。自由に発想してたくさん書くのがポイントです。

　　　　　　　　　　　　　　　　　　　　　　　　　月　　　日（1日目）

　　　　　　　　　　　　　　　　　　　　　　　　　月　　　日（2日目）

　　　　　　　　　　　　　　　　　　　　　　　　　月　　　日（3日目）

　　　　　　　　　　　　　　　　　　　　　　　　　月　　　日（4日目）

　　　　　　　　　　　　　　　　　　　　　　　　　月　　　日（5日目）

　　　　　　　　　　　　　　　　　　　　　　　　　月　　　日（6日目）

　　　　　　　　　　　　　　　　　　　　　　　　　月　　　日（7日目）

毎日書いて、日付を入れましょう。

スペースが足りなくなったり、書き直したいときはP102-105を自由に使いましょう。

第10週

第10週

第11週 「夢達成のイメージでワクワクを増やす」

解説はP52

10年後の _____

先週の「20年後のなりたい自分」に向かって、「10年後」「5年後」「1年後」になっていたい自分を描きましょう。それぞれの段階で目標をクリアした自分や、周りの人たちの姿や表情も絵にしてください。

スペースが足りなくなったり、書き直したいときはP108-109を自由に使いましょう。

第11週

5年後の

第11週

第11週

1年後の _____

第11週

第11週

第12週 「自分だけの夢マップ完成!」

解説はP53

_____の夢

中央の丸に「****(あなたの氏名)の夢」と書き、自分の夢や目標を言葉や絵でどんどん書いていきましょう。このページは下書き用に一度書いてみてもよいでしょう。次ページにある折り込み用紙を開き、いよいよあなただけの夢マップを完成させましょう！

堀野博幸（ほりの・ひろゆき）

早稲田大学スポーツ科学学術院教授。人間科学博士。専門はコーチング心理学、コーチング科学。
1969年大阪生まれ。早稲田大学人間科学部卒、同人間科学研究科博士課程中退。防衛大学校助手、早稲田大学専任講師、准教授を経て2015年より現職。リバプール・ジョンムアーズ大学客員研究員(2015-16)。ユニバーシアード・サッカー日本女子代表監督、ロンドンオリンピック・なでしこジャパン・ゲーム分析スタッフを歴任。現在、日本サッカー協会(JFA)アカデミー・心理サポート(女子担当)、JFAインストラクター、アジアサッカー連盟テクニカルスタディボードメンバーとして活動中。
著書に『トップパフォーマンスへの挑戦』『スポーツ精神生理学』『スポーツ心理学ハンドブック』(共著)などがある。

こころを強くする「夢ノート」
トップアスリートが実践するルーティンワーク

2016年9月22日 初版第一刷発行

著者	堀野博幸
カバーデザイン	小口翔平(tobufune)
本文デザイン	岩永香穂(tobufune)
イラスト	クリタミノリ
構成	五反田正宏(有限会社 五反田制作所)
編集	柴田みどり
発行者	田中幹男
発行所	株式会社ブックマン社
	〒101-0065　東京都千代田区西神田3-3-5
	TEL 03-3237-7777　FAX 03-5226-9599
	http://bookman.co.jp

印刷・製本　　誠宏印刷株式会社
ISBN 978-4-89308-866-6
©Hiroyuki Horino, BOOKMAN-SHA 2016

定価はカバーに表示してあります。乱丁・落丁本はお取り替えいたします。本書の一部あるいは全部を無断で複写複製及び転載することは、法律で認められた場合を除き著作権の侵害となります。

＜主な参考文献＞
『夢をかなえるサッカーノート』中村俊輔／文藝春秋
『守破離の思想』藤原稜三／ベースボールマガジン社
『心を整える。勝利をたぐり寄せるための56の習慣』長谷部誠／幻冬舎文庫
『スポーツ心理学ハンドブック』上田雅夫監修／実務教育出版
『WHO・ライフスキル教育プログラム』川畑徹朗ほか監訳／大修館書店
『イチローの流儀』小西慶三／新潮文庫
『超える力』室伏広治／文藝春秋
『笑顔で生きる魔法の言葉』髙橋尚子／角川書店
『本田圭佑プロデュース夢ノート第2弾』キングジム
「Sports Graphic Number 700号」「Sports Graphic Number Do Winter」文藝春秋

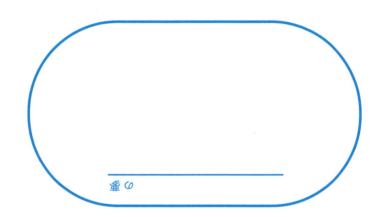

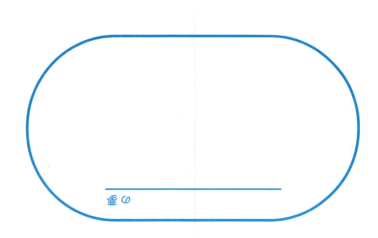